2020 文藝雅集

當作家變成阿公阿嬤
祖孫情照片特刊

文訊雜誌社◎編

愛的綿長

◎封德屏

不管兩代之間或隔代的祖孫，親情總是綿長如縷、歷久彌新。受惠於父母，親恩難忘，並身體力行澤被孫輩的，不知凡幾。我想這也是當今這個時代值得稱頌、彌足珍貴的傳統。

我自己的體驗很深刻。爸爸70歲那年搬來和我住，不是因為他需要我照顧，而是來幫我照顧兩個稚子。

兒子滿六歲要上一年級，女兒也要進幼稚園。《文訊》經常加班，母親看在眼裡，不等我開口，倆老就商量做了安排，爸爸住我家，幫忙照顧，讓我們夫妻可以安心工作。

爸爸軍人出身，身體硬朗，做事勤快。媽媽小爸爸十歲，45歲就當上外婆，從此一路沒歇息。我們幾個女兒、媳婦像約好似的，從大姊的女兒出生，一直到小妹的么兒落地，15年間11個內外孫陸續報到。媽媽一視同仁幫每個女兒、媳婦，做完月子帶孩子，直到上幼稚園。偶或小孩出生有些緊密重疊，我們姊妹兄弟就彼此協調。每年逢寒暑假，孩子們就回到清水老家，由爸媽集體照顧，那裡是他們的度假勝地。

我們都是離鄉北上求學、就業，等到成家有孩子後，爸媽就搬到台北。說是想全家團圓，免得我們牽掛，其實是他們放心不下，想多幫我們一點。的確，我們四個姊妹，不是公婆早逝，就是公婆年紀大或遠在外縣市。媽媽當時在妹妹家，照顧兩個小小孩，我因專職工作，重責難卸，為讓我無後顧之憂，所以委由爸爸入住我家。

當時沒有週休二日，倆老為了女兒分開，週六下午才回到他們景美的家，嘴裡笑說牛郎織女一週見面兩天，聽了其實有點愧赧心酸。

爸爸在我家住了十年。起初我還信誓旦旦地說，等我回家做飯燒菜，但爸爸實在不忍孩子們餓過頭，就煮上飯、洗好菜、燉好湯，只須我回來炒三兩樣菜。後來見我逾時下班越來越嚴重，乾脆一人全部包辦，還為我預留了飯菜。爸爸不

像媽媽擅長烹飪，常和媽媽通電話，內容多半不離燒菜、烹調的方法。

這樣的全心付出，一直到兒子16歲上高中，女兒13歲上國中，爸爸才搬回景美，圓了牛郎織女朝夕相處的美夢。那時爸爸已80歲。

許多孩子的童年記憶，都有爺爺奶奶、外公外婆慈愛的照顧、陪伴，還有一些引人垂涎的飲食。我們家孩子早已成人，至今念念不忘的仍是外公的油豆腐鑲肉，和冬天裡一鍋鍋不同食材的廣式煲湯。

我的這些回顧，應是很多人共同經歷的剪影。

同樣是親情，同樣是濃郁的愛，個人的體會，最大不同是當年為人父母者，難免管教嚴格，規矩甚多；而今日照顧孫輩，態度、心境已然不同。一旦晉身爺爺奶奶、外公外婆，度過了打拚事業，工作家庭兩頭燒的艱難階段，多已退休在家，優遊創作，或旅遊養生，可以閒雲野鶴般安享老年。如果可能，相助事業工作正忙碌的兒女，進退更有方，能駕輕就熟地育養下一代，心情轉為瀟灑恬適，少了年輕時的焦躁急促，多了成熟人生的耐心自在。孫兒繞膝簡直就是退休生活的最佳調劑，怎麼看，怎麼可愛！

台北街道上，幾次偶遇作家朋友帶著孫兒玩耍散步，總是有說不盡的家常笑談，聽不完的生活趣事，完全冰溶了這些大作家、大學者平日嚴肅的形象。更可貴的是，他們也不吝於分享含飴弄孫的快樂心情，偶爾為文，描繪出令人稱羨的祖孫情。

緣此，在10月23日「2020文藝雅集」舉辦的同時，我們邀請66位作家、藝術家、學者參與，在「紀州庵文學森林」舉辦「當作家變成阿公阿嬤——祖孫情照片特展」，每張照片搭配百字的圖說。因場地及經費所限，我們只能小規模邀約。用照片記錄下祖孫互動的瞬間，相信，這瞬間將化為永恆，祖孫情滿滿的愛、滿滿的感動，將刻印在人們記憶深處。

| 目錄 | CONTENTS

黃文範 （1925～）
樂何如之

| 拍攝時間：2015年10月18日 |
| 拍攝地點：新北新店區自宅 |
| 當時狀況：與週歲的孫女沐恩 |

民國104年10月18日，為（子運湘、媳雲翔）孫女沐恩週歲，祖孫合影，樂何如之：

桑榆晚景淡，
九秩喜抱孫；
佳辰設帨日，
吾家嬌道韞。
（設帨，懸掛佩巾，表示生女。）

黃文範，曾任《中央日報》主編、副刊組副組長、太平洋文化基金會主任祕書等。創作包含散文、論著，1952年起專治翻譯，所譯文學、歷史與傳記近80冊，共2100萬字以上。

潘長發（1927～）
期許他們對社會有所貢獻

拍攝時間：2020年6月底
拍攝地點：高雄鳳山區自宅
當時狀況：與孫子聲祥、孫女聲慈

我的大孫女潘聲慈，今年11歲，身高155公分，她在小學二年級時即參加了學校幼童軍之各項活動，期許能促進德、智、體、群、美的均衡發展，三年來表現良好，學校的大型活動，諸如園遊會、運動會、懇親會等都有參加，得到許多師長的嘉許，平時相處時是個貼心乖巧懂事的孫女，陪伴左右倍感親近。

小孫子聲祥，活潑可愛好動，是個很有自信心的小男孩，與他相處對話時深切感受到孫兒的機靈，時常擁有腦筋激盪的喜悅，加上適當的教導，也許能對社會有所貢獻。

潘長發，台灣師範大學畢業。曾赴緬甸投入青年軍衛國抗戰，之後來台就學，擔任高雄市中學教師，現已退休。曾獲「抗日英雄」稱號。著有《風雨一九四九年全紀錄》、《抗戰勝利台灣光復七十週年紀念專輯》、《承擔起歷史的責任》等。

向明（1928～）
與兒孫同遊，共享美景

拍攝時間：2005年夏
拍攝地點：花東縱谷的民宿
當時狀況：與孫子致輔、書輔、外孫陳允哲
　　　　　及家人遊花東縱谷

我有三個孫子，其中一個是外孫，為次女董心怡之獨子。長孫董致輔，現就讀中央大學資訊工程學系二年級，幼孫董書輔，高中畢業後，擬考科技大學就讀，按所得分數可能會分到高雄科技大學。外孫陳允哲，原本已在美國加州就讀大學，現因美國全國新冠病毒肆虐，為保安全，已暫時回台。

此張相片是在孫子們小時候，女兒安排全家到花東縱谷遊玩，我們住在玉里附近半山腰上的一間民宿，如同世外桃源般，且一眼望出，都是滿山滿谷的水果。當時正逢柚子、檳榔長成之時，卻都沒有人採收，和孫子們走近瞧瞧，才知道農家裡都只剩老夫婦在，沒有氣力再採收且生活過得去。於是就有了此機會，和孫子們一同感受花東美好的風景還有人文的淳樸。

向明，本名董平，美國空軍電子研究中心結業。曾任《藍星》詩刊主編、《中華日報》副刊編輯等。曾獲中山文藝獎、國家文藝獎等。著有《雨天書》、《青春的臉》、《新詩50問》、《坐進空白》等20餘冊，作品選入各大選集，譯成英、法、德、比、日、韓、斯洛伐克、馬來西亞等外文。

吳東權 (1928～)
寶貝孫女

拍攝時間：2003年秋
拍攝地點：台北松山區自宅
當時狀況：與滿週歲的孫女若筠

我喜歡女娃兒，可是我的孫輩卻有四個男孫，長得又高又大。好不容易盼到一個小孫女，長得嬌小玲瓏，可愛之極，讓我滿心喜悅。

這個小孫女從小就乖巧討喜，很愛漂亮，對自己的外表儀容，格外重視，這張照片是她週歲時，我抱著她所攝，長大後，她極不滿意自己瞇著眼歪嘴而笑的照片，是我把它偷藏起來，不讓她發現，要是發現我還保留著，而且還寄給文訊發表，她一定很氣憤，因為她覺得太醜了。

我這個唯一的，特別愛美的孫女，是吳家的公主，今年（2020）已是大學生了。悄悄告訴你，她的名字叫吳若筠。

吳東權，香港遠東學院文史研究所畢業。曾任電影、電視公司經理、總經理，執教於文化、世新等校20餘年。曾獲中山文藝獎、國軍新文藝金像獎等。編寫多部電影、電視、廣播劇本，著有《九十九墩》、《娘在兒不老》、《人言平話》、《行前準備：銀髮族畢業手冊》等50餘冊。

黃信樵（1928～）
闔家歡

拍攝時間：2019年6月
拍攝地點：新竹餐廳
當時狀況：與雙胞胎孫女貞綺、貞瑜及家人聚餐

這是去年家人一起聚餐，在餐廳的庭園中合照，有內人、兒子、媳婦，還有孫女們。兩個孫女是雙胞胎，讀國中了，到現在我還是認不出誰是姊姊誰是妹妹，對小孩，我一直不會照顧。

雖然我不會照顧人，但是當我有需要的時候，還是希望有人來照顧我。可是照顧我的人，總會被我罵，因為我很容易生氣，罵人是日常。妻子有時會去醫院看老人病，我就很煩躁，也吵著要跟去醫院。帶我出門要很大的勇氣、耐心、愛心。我唯一喜歡的，就是買賣股票，我希望賺大錢。身為股市散戶，我實際是被坑殺的對象，但我有辦法催眠自己繼續買賣股票。醫生診斷我有失智症，我是一個耳朵聽不到，情緒起伏大，九十多歲的老頭了，照顧我的人應以穩定、溫和的態度對待我。

黃信樵，陸軍軍官學校裝甲兵科畢業。曾任軍中教育參謀官、教師、《浙江月刊》總編輯等。著有《木馬上的人》、《黃信樵自選集》、《突破》、《青青河畔草》。

唐潤鈿（1929～）
外婆的祝福

拍攝時間：1999年5月30日
拍攝地點：美國伊利諾州的旅館
當時狀況：與女兒一家出遊，和外孫黃安立

這照片是外孫安立和我合影於伊州的一間旅館。1999年5月30、31日，女兒周密與女婿黃建勳帶他們的兩個孩子悌芬、安立和我，開車旅遊。我們前往伊利諾州的春田市造訪林肯總統歷史古蹟區，包括家園、墓園以及附近的林肯總統紀念圖書館等。

那時安立六歲不到，已能讀書寫字。他愛閱讀，手中拿著一本童書，一路不肯放下。惟有要摸高大的銅像林肯總統的鼻子，據說會帶來好運，他才把書交給我，由他的媽媽抱著，摸到了已發光發亮的大鼻子。

晚上在旅館，他還捨不得放下書！時光飛逝，如今安立大學畢業，有一份他喜愛的工作，將來如何發展，是未定之天，但他好學且有向善向上的心，在天地間大主宰引領下，必定有美好的前程，祝福他。

完稿於2020.7.15

唐潤鈿，台灣大學法律系畢業。曾任律師事務所助理、國家圖書館編纂等。曾獲教育部電視劇佳作獎、菲律賓華僑吳伯康戲劇創作獎等。著有《書僮書話》、《優遊於快樂時空》、《我們永恆的城堡》等近30冊。〈羅蘭的笑談〉入選隱地主編的九歌《101年散文選》。

柴扉（1929～）
此生的好寶貝

拍攝時間：2017年1月27日
拍攝地點：南投鹿谷鄉自宅
當時狀況：孫子心堯、涵聖、心允、孫女
涵真回老家過年

我於民國51年秋，派入南投縣某國民學校任教，在此教書六年，結了婚，生了兩個孩子。後來轉入同縣某國民中學，任教23年，兩個孩子長大成人，都讀到大學和碩士畢業。長男生了兩個男孩，次男生了一女一男，這四個孫子女是我此生的好寶貝。

最大的孫女22歲，現就讀大學三年級。長孫20歲，讀大學二年級。二孫和三孫，一個18歲，一個17歲，都讀高中二年級。這兩個小的，非常淘氣可愛，兩人一見面好像綁在一起分不開。

回老家後，我常帶著他們一起在山邊遊玩，欣賞鄉下的青山綠水，有時彼此也講些故事，非常有趣。回想住過六年醫院的我，現在94歲，能有這四個可愛的孫子女，更為幸運。此照片是三年前一月拍的，筆下寫的歲數是現在（2020年6月）。

柴扉，本名柴世彝，陸軍官校畢業。曾任國小及國中教師。曾獲青溪新文藝金環獎散文銅像獎、台灣省政府教育廳散文集著作獎。著有《綠滿柴扉》、《萬里遊蹤》、《再來的春天》等。

王黛影（1930～）
百年的因緣

拍攝時間：2020年8月
拍攝地點：台北大安區自宅
當時狀況：與孫女王琪寬、王彥蘋、外孫楊駿玩拼圖（拼圖是黛影女士喜歡的遊戲）

黛影女士晚年行動不便，得坐著輪椅才能行動，去年摔斷髖關節，術後臥床時間很長。幾個孫子貼心，常到家裡來陪伴她玩耍，老人家在睡夢中聽到孫子來，會趕緊醒來，那是她珍愛的時光。

黛影女士生在日治時期，四個月大就被抱走成為養女，自此與原生家族、血緣斷裂，及長都無緣與生身父母見上一面。後來與作家王書川因為寫作結緣，進而相戀成家，對於生養的每一個兒女都很珍惜，晚年得有孫輩相伴更覺欣慰。孫兒們都已成年，有著爺爺的濃眉與奶奶的大眼，也承襲喜愛藝文的基因，從小熱衷畫畫與寫作，都是兩人的心肝寶貝。書川先生離世15年，若在世，今年已是百歲，而黛影女士已臻90高齡，祖孫相傳，甜蜜親愛，可說是百年的因緣。

（作者王亞維，為王書川與王黛影次子）

王黛影，本名王瓊珠，從小接受日本教育，以自修與苦學奠下國文根基。曾任人壽保險公司經理、兆藝設計工程公司負責人、楊英風雕塑公司顧問等。著有長短篇小說《不歸鳥》、《後塵》、《歧路》、《砂保春夢》、《府城物語》等。

任真（1930～）
窮得快樂

拍攝時間：2015年5月
拍攝地點：新北新店區運動公園
當時狀況：與孫子宇虹、外孫女蔡韻琦、魏辰羽、魏辰希出遊

糊糊塗塗離家，莽莽撞撞從戎，自己全無主張。十年後，走出國防醫學院，出任一師旅級單位醫務所主任。感謝岳父母大恩大德，讓他們家倒了八輩子血楣的心愛女兒嫁我為妻。57年的恩愛夫妻，緊緊牽著手過日子，甜酸苦辣四肩挑，直到老妻與我喊「再見」為止。最不解的是兒女。投胎前，不去找富貴人家過好日子，偏偏冒冒失失闖進我家來湊熱鬧，迎拒不得，只有一體接納。接著孫兒女一個個也奔來扮演這齣人生戲，居然歡笑滿堂。窮固然窮，但也窮得快樂。

家——和樂、溫馨、愛的表徵，有兒有女有孫兒女真好。沒能力富裕他們，只祝福他們幸福、快樂、健康、和諧、心胸坦泰過日子。

任真，本名侯人俊，國防醫學院軍醫正規班畢業。曾任軍醫、連長、參謀、祕書等職。曾獲國軍新文藝金像獎短篇小說佳作、文復會小說金筆獎。著有《一生都在跑龍套》、《春融融》、《秋收》、《高山寒梅》等30餘冊。

張騰蛟（1930～）
疫情下的親情

拍攝時間：2014年6月
拍攝地點：台北中正紀念堂
當時狀況：長期居住國外的外孫女李佳靜、李潤潤回國探親兼旅遊

這是我的兩個外孫女，她們的父母是30年前由台灣去美國攻讀學位的留學生。
老大是加大戴維斯分校學士和美國明德大學Middlebury College碩士，現職美國康州百年貴族名校格林威治學院Greenwich Academy年級主任及人工智能中心副主任，同時也是美國公共電視台PBS教育顧問。老二畢業於美國長春藤盟校達特茅斯大學Dartmouth College，現任職於美國Gartner高德納諮詢公司擔任數位策略分析師。她們姊妹在職場上，不論是教學或研發，屢獲好評。
數月以來，「新冠」橫掃全球，許多人被迫在家「上班」。住在紐約的妹妹，跑到康州姊姊的住居互相照應。惟時間長久，孤寂難熬，不久前飛回加州聖地亞哥父母的身邊，一起享受親情的溫暖，也共同抵抗疫情的欺凌。

109年6月20日

張騰蛟，筆名魯蛟。曾任行政院新聞局主任祕書等職，參與「現代派」，並與友人創辦《桂冠》詩刊。曾獲文協文藝獎章、金筆獎等。著有《海外詩抄》、《舞蹈》、《溪頭的竹子》、《書註》、《菩薩船上》等20餘冊，散文多篇先後被選入兩岸三地十多種版本的國文教科書。

麥穗（1930～）
升級為曾祖父

拍攝時間：2018年2月15日
拍攝地點：新北烏來區自宅
當時狀況：春節前夕，夫妻倆與孫子恩齊一起貼春聯

本人膝下育有三女一男，共有內外孫八位（七男一女）。六個外孫全是小子。內孫一男一女，最小的孫子恩齊今年也高中畢業，即將進入大學成為一個新鮮人。爺爺祝他學業成功。

我唯一的一位孫女今年已21歲，就讀大學二年級，其他幾個外孫，都已成家立業，我也有了一大群重孫輩，升級為曾祖父了。

每年春節前夕，總會將恩齊曾祖母親手縫製的長袍，命他穿上，幫著我張貼春聯，令他對傳統年節有所認識，對親情有所緬懷。

麥穗，本名楊華康。曾任台灣省林務局烏來台車站長、《林友月刊》、《詩歌藝術》主編等。曾獲中興文藝獎章、文協文藝獎章等。著有《詩空的雲煙》、《荷池向晚》、《歌我泰雅》、《十里洋場大世界》等。

張默（1931～）
寫給映堤和宇非的詩

拍攝時間：2020年2月
拍攝地點：台北內湖區
當時狀況：與外孫女汪映堤、外孫汪宇非

汪映堤是我最喜愛的外孫女，曾經在咱們家住很久。好幾次一起到香港過舊曆年，凡是她喜歡玩的、吃的，絕對不會少。過去有一句話「有求必應」，那是我們對她愛的方式。她當下在德國學習德語、發憤考進德國大學，將來她德語一定講得很好。只是外公今年已經90歲了，我對外語一向不通，而孩子們的學習能力一定很好，就讓她在外國快快樂樂的發展吧，我真誠祝福她前途無量。

宇非是我最最寵愛的小外孫。過去他常住在內湖，每天大清早我給他買早點，並搭公車送他到校門口。他現在上國中了，我常心裡惦記著，要為他寫一首詩卻就是無法動筆。於是每天清晨，我都對著公園的雄雞大叫，怎麼老天不助我一臂之力，讓我這首心愛的「散文詩」早日完成。嗨嗨小宇非，我一定會抓住那光燦一刻，不管白天晚上，我這首鼓勵你的詩，一定讓你哈哈大笑。　2020年5月於內湖

張默，本名張德中。「創世紀」詩社創辦人之一並曾任總編輯多年，曾任《水星》詩刊、《中華文藝》主編，編輯各種詩選、大系。曾獲金鼎獎、中山文藝獎、五四獎等。著有《台灣現代詩概觀》、《紫的邊陲》、《台灣現代詩手抄本》等20餘冊，詩作入選多部外國詩選。

寧可（1931～）
濃濃的四代情

拍攝時間：2018年除夕
拍攝地點：南投市自宅圓明居
當時狀況：與外曾孫楊可唯、楊寶嘉、蔡旻修、蔡旻佑

日前收到《文訊》通知，今年九九重陽特別企畫了「作家祖孫情」照片徵集活動，老頑童立刻上二樓書房，開始找照片，並以電話與台北的忠漢、高雄的福茂聯繫，讓他們提供兒孫們的詳細資料，出生年月日、名號、輩分都不能有錯，文章發表，成為歷史，絕對不可以有所疏失。

長孫家陞、次孫家楨；最熱鬧的是大女兒玲玲一家，有15口，轉眼間她已是四女四孫的阿嬤了！玲玲的長女家玲生可唯、寶嘉二子，次女家媛生旻修、旻佑二子，是老頑童的第四代曾孫。他們跟玲玲不小心生下的雙胞胎女兒凌棋和凌傑，從孩提時候至今，逢年過節，偌大的圓明居，洋溢著他們的笑鬧聲，這是老頑童每年最期待的好時光，既難得又珍惜！

寧可，本名寧克文，政治作戰學校美術系畢業。曾任記者、中學教師、台灣廣播公司主任等。曾獲玉山文學貢獻獎、玉山美術貢獻獎等。著有小說《危莊劫》、《心鑰》，散文《有情歲月》、《飄臨的蒲公英》，以及舞台、廣播、電視劇本、水墨彩畫集等。

周廷奎（1932～）
希望他們努力工作，為社會服務

拍攝時間：1995年端午節
拍攝地點：屏東市國民飯店
當時狀況：於飯店小聚慶生，夫妻倆與孫子欣佑、禧佑、外孫許家瑋、許家碩

民國84年端午節，也是我65歲生日。家人在屏東市國民飯店作家庭小聚，為我慶生。我和內人陳蘭英女士及大孫子周欣佑、小孫子周禧佑、大外孫許家瑋、小外孫許家碩合照。當時他們都正在國小就讀，現在大孫子周欣佑和大外孫許家瑋都已大學畢業。小孫子周禧佑和小外孫許家碩也已分別就讀大三與大四。希望將來他們進入社會之後，都能依照自己專長所學，努力工作為社會服務。

周廷奎，筆名路衛，屏東師範學院語文系畢業。曾任國小教師，曾主編《台東青年》、《屏東青年》，參與發起「布穀鳥兒童詩學社」。曾獲高雄市兒童文學創作獎。著有《訴說的雲山》、《春天來到萬年溪》、《璀璨的光譜》等。

2011年母親節

梁秀中（1934～）
是親人也是芳鄰

拍攝時間：2011年5月
拍攝地點：台北文山區自宅
當時狀況：母親節時與孫子方明恩、方建
　　　　　鈞、方冠力

想當年父母健在時，要當「老萊子」彩衣娛親，還要陪伴著孫子玩耍，真是忙得不亦樂乎！為此我曾畫一幅中堂國畫〈祖孫樂〉，以原住民祖孫在編織花環的「孺慕之情」為主題，以誌紀念當祖母的心情。（此畫現由創價學會珍藏）

如今我已86歲，擁有三個孫子，而且都在身邊相伴，最長的明恩孫32歲，大學畢業後即就業；老二家的建鈞孫今夏文大畢業，還相約拍全家福的「沙龍照」哩！最小的冠力孫也大二了。

我和三個兒子、媳婦及孫子同住一幢公寓，大家是親人也是芳鄰，每天都能見到，相互照顧，噓寒問暖，可說是最令人羨慕也最安慰的晚年，尤其是子孫們都是好國民、好青年。正如聖嚴法師曾說「莫怨孝子賢孫何其少，但問養育兒女怎麼教」。

梁秀中，台灣師範大學藝術學系畢業。曾任台灣師範大學美術系教授、主任、所長、藝術學院院長等。曾獲全省美展國畫首獎、中國文藝協會榮譽文藝獎章等。多次參加全國美展、省展等，著有《繪畫的欣賞與創作》、《悠遊采風》等。

葉日松（1936～）
等待妳下一步的佳音

拍攝時間：2015年7月19日
拍攝地點：新北九份山城
當時狀況：與外孫女李姿妤出遊
（葉佳峰攝影）

我從眾多的相簿中，抽出這一張十分珍貴的照片，重新悅讀2015年7月19日的往日情懷。那一次出遊九份，是我人生的第一次，由難得返台的二舅舅開車，還有妳的陪伴，讓爺爺奶奶享受幸福的天倫之樂。

五年了！照片告訴我，妳長大了。餵妳、抱妳、載妳、陪妳上學的日子，沒有空白。妳的臉，總是寫滿了許多的感恩和幸福。一句一句地反覆朗誦，要我們平安健康。五年了！短短的五年，妳大學畢業，考上研究所，也考上了公職，有了工作。我祝福妳，從此，平順如意、心想事成，也等待妳下一步的佳音。爺爺永遠愛妳。

2020.6.18於花蓮

附記：我們不分內外孫，一律以孫子孫女稱之。

葉日松，台灣師範大學中等學校國文科結業。擔任中小學教師40年，曾任《花蓮青年》主編。曾獲客委會客家貢獻獎文學傑出成就獎、花蓮縣文化薪傳獎等。著有《回故鄉看晚霞》、《北海詩情》、《秀姑巒溪的幽情》等20餘冊，作品被選入教材使用，譯成韓、日、英等外文。

李魁賢（1937〜）
百年古宅前的家族影像

拍攝時間：1964年冬
拍攝地點：淡水忠寮里石牆子內
當時狀況：以祖父李宗菊為中心的全家福
（後排左一為李魁賢）

這張照片是1964年在淡水忠寮里石牆子內（李家來台第三代四房祖山石公〔1801〜1886〕，興建於1871年，即清朝同治10年）老家拍攝，以祖父李宗菊（1889〜1966）為中心的全家福，缺已過世的祖母陳氏微（1894〜1959）。祖父被鄉里尊稱菊伯，幼時上過三年學堂，他的漢學素養是家學淵源，記得我小時候，他一時興起用台語教我念詩經。台灣割讓時他才七歲，日治50年間，他不學日語、不講日語，卻能擔任官派保正（里長）19年。他為人公正，排解糾紛，合情合理，為鄉里所肯定、信任，鄰里間若有爭議，寧願找公道菊伯調解，避免上派出所。照片上，祖父左側是家父李永興（1913〜1984），右側是叔父李永益（1924〜1998），父親背後是家母林卻（1916〜2011），叔父背後是嬸母翁金煜，高齡96歲，健康硬朗，成為石牆子內精神中心。　　　　2020.5.27記

李魁賢，曾任國家文化藝術基金會董事長等。從事詩創作和翻譯逾半世紀，創作超過千首、翻譯五千首。曾獲國家文藝獎、巫永福評論獎、賴和文學獎、行政院文化獎、吳三連獎等，另獲韓國、印度、蒙古、美國等頒予多項國際詩獎。著有詩集、文集、評論集等60餘種。

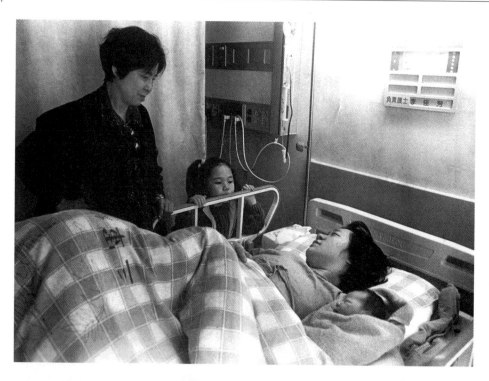

莊靈（1937～）
三代新面會

拍攝時間：2003年冬
拍攝地點：台北內湖區三軍總醫院
當時狀況：與妻子、外孫女葉彤探望剛生產
完的女兒與小外孫女葉庭（莊靈攝影）

2003年，我和內子陳夏生帶著三歲的外孫女一塊到內湖三軍總醫院去探望才剛生產的女兒和新生的小外孫女。乘夏生和女兒正在說話，我便走到床的內側，及時拍下這張祖孫三代的畫面。照片中的新生兒還在熟睡，而姊姊則正踮著腳雙手攀著床欄凝神注視著這個初次見面的妹妹。

17年時間一晃而過，今天的姊姊已經是大學三年級的學生了，而妹妹也已念台中女中高三，成了夏生的小學妹。而她們已經年過八十的外公和外婆——筆者和夏生，在過去的這段日子裡，除了幫著女兒、女婿照顧她們一天天長大，也能從這張時間定格的照片中，看見當年的自己和看到過去那段與家人愉快共度的溫馨歲月。

莊靈，中興大學森林系畢業。致力於攝影創作，曾任台灣電視公司攝影記者、台灣攝影博物館文化學會理事長、台北市立美術館等館舍之評審及典藏委員。曾獲金馬獎、中山文藝獎、國家文藝獎等。著有《攝影藝術散論》、《新聞攝影》、《莊靈・靈視》等。

郭心雲（1938～）
遠距離的愛

拍攝時間：2004年4月
拍攝地點：台中薰衣草森林
當時狀況：與孫子郭培雄、郭培恩、孫女出遊

我有八個內外孫，在身邊長大的自然得到關愛比較多。遠在國外出生的孫兒孫女，外子和我每年總要去美國加州住一段日子，雖然相處時間短少，卻也未曾錯過他們成長的軌跡。大孫女高中畢業申請到大學和美國空軍官校，返台時說：「奶奶，我要進空官，因為，那是我的夢想。」我尊重她的夢想。受訓期間，我定期在電腦上打字，傳遞關懷與思念。

再說大孫子，他申請好大學，趁返台探親之便，想去學潛水。我便帶他到東北角，安排吃住和聘請潛水教練等一切妥當。我回台北後每天緊盯著氣候變化，等他拿到潛水執照平安歸來，我才放心。

此刻獨坐窗前，腦海浮現加州矽谷家中後院的大樹下，孫兒孫女聚精會神聽我講故事的畫面，願我滿滿的愛，豐富了他們的童年歲月。

郭心雲，本名謝雲娥，國防部聯勤測量學校訓練班結業。曾任聯勤繪圖員、幼教老師、台中郵局職員。曾獲國軍新文藝金像獎、聯合報和環保署文學獎等。著有《萍蓬草集》、《凡塵織女星》、《草地女孩》等。

蔣竹君（1938～）
外婆對我的專寵

拍攝時間：1967年2月
拍攝地點：台北家中
當時狀況：結婚當日，出門前與外婆留下難
　　　　　得的影像

外婆是北平人，外公早逝。抗戰時，父親接外婆到後方和我們一起生活了十多年。我家五姊妹中，外婆喜歡靈巧的大姊、幾個妹妹，跟我最不親，因為我笨拙粗心，沒有女孩的柔細。外婆說我都不挦飭（讀音ㄅㄠˋ ㄔ，修飾打扮之意），一頭亂髮，初中三年她每天早上幫我梳頭，紮好兩個髮髻才准去上學。高中住校，沒辦法享受外婆為我整髮的特權了。現在回想，我是姊妹中，惟一得到外婆這樣特別的寵愛。

外婆惟一參加外孫的婚禮，就是我的婚禮。外婆不愛單獨拍照，總在全家照中才有外婆的身影，這張我穿婚紗的照片是現在能找到的惟一我和外婆的單獨合照。外婆第二年因肺炎過世，享年78歲，至今52年了。想起外婆和我的祖孫情，也許比姊妹更多。

蔣竹君，世界新聞專科學校畢業。曾任中小學教師、《國語日報》記者、總編輯，現任國語日報社董事長兼社長。編輯出版多種兒童文學刊物，並有個人創作、改寫、翻譯等約10多冊。

林煥彰（1939～）
給兒孫的祝福

拍攝時間：2003年8月
拍攝地點：台北大安區文協藝文沙龍
當時狀況：與外孫林宗翰、林哲皜、林玨仲、
外孫女林怡慧及家人於「詩・生活展」慶生

看台灣政壇、政客之醜惡，外國當然也一樣，為平民百姓十分難過！期望我的子孫都要做正直的人，不要去搞政治，憑本事，做有益社會、國家、人類的事。

只要健康、平安、快樂，不做虧心事，不占別人便宜，尊重每一個人；做什麼工作，都盡本分；不必在乎職位高低，永遠維護坦蕩做人的尊嚴。

我一輩子喜歡寫詩、畫畫，心安理得；也希望每一個內外孫都能夠在求得溫飽之外，擁有自己喜歡的各種正當的娛樂活動，而有和樂的家。行有餘力，就多做公益的事。

2020.6.23 研究苑

林煥彰，曾任兒童刊物創辦人、詩刊總編輯、《聯合報》編輯，參與成立中華民國兒童文學學會。2008年擔任香港大學首任駐校作家。曾獲金鼎獎、中山文藝獎及兒童文學獎項20餘種。著作120餘種，部分作品譯成10餘種外文，詩、散文收入兩岸四地及新加坡中小學語文課本和百多種選集。

林錫嘉（1939～）
用腳走路，用手寫字

拍攝時間：2003年2月13日
拍攝地點：新北汐止區自宅
當時狀況：與外孫吳佑軒、外孫女吳敏琪

八十初度，細細傾聽那些已經生了一層鏽腐的有些脫落的歲月，這種生命自然現象，你又能對他如何？

孩子們啊，現在阿公和你們穿一身舒適的衣服，拍這張彩色照片，回想民國三、四十年代，當時阿公年紀跟你們差不多，我那時穿的是黑灰單薄的衣服，和我們現在穿的差很多。有人說，這是七十多年來的進步，但是我們的進步不能光看衣著表面、汽車飛機，我們更要求「心智的進步」。我出生的三十年代，是黑白照相，到了五十年代成彩色照相，那時都要使用底片。而如今更進步到不用底片的數位時代，這些都是70年前想都想不到的科技進步。

但是啊！孩子們，在追求進步之中，你們千萬不能忘記「用腳走路」、「用手寫字」的基本人性。更要知道「黑白」的重要。

林錫嘉，台北工專（今台北科技大學）機械科畢業。曾任台肥公司工程師、《台肥月刊》總編輯等。曾獲全國優秀青年詩人獎、文協文藝獎章等。著有《竹頭集》、《屬於山的日子》、《濃濃的鄉情》等。

黃麗貞（1939～）方祖燊（1929～）
含飴弄孫的快樂

拍攝時間：1996年夏
拍攝地點：美國加州Fremont兒子家
當時狀況：夫妻倆與相差三個月的
　　　　　孫子加寧、孫女加安

我們的雙生子各生了一兒一女，二老人就共有四個孫輩。因為他們大都在美國生活，我又到66歲才退休，所以享受到含飴弄孫的機會，多數在以往寒、暑假裡兩三個月。這張照片充分顯示出我們升格做爺爺、奶奶時的開心。方祖燊抱著宗苞的兒子加寧、我抱著宗舟的女兒加安，堂兄妹只差三個多月。名字是我取的，加字一方面表示他們出生在加州，更多的意義是期望他們在越來越安寧健康中成長。天真無邪的嬰兒，總是讓人看著就疼愛。雖然跟加寧、加安相處的時間不多，但也享受到那些年能有體力去看望兒孫的一段美好歲月。加安至今仍保有一份和奶奶很「麻吉」的感情。

黃麗貞，台灣師範大學國文系畢業。歷任台灣師大助理教授、講師、副教授、教授，韓國啟明大學中文系客座教授等。著有《詞壇偉傑李清照》、《中國文學概論》、《歲月的眼睛》等。

方祖燊，台灣省立師範學院畢業。曾創辦《中國現代文學理論季刊》，擔任《國語日報》「古今文選」主編、台灣師範大學教授。著有《中國繪畫史（第一卷）》、《漢詩研究》、《魏晉時代詩人與詩歌》等。

余玉照（1941～）
當我們「跳」在一起

拍攝時間：2015年1月30日
拍攝地點：泰國蘇梅島濱海旅館的花園
當時狀況：與孫子修睿、孫女愷第一起「騰空彈跳」

我非常慶幸於59歲那年升格當外公，欣喜迎獲三個外孫，至64歲又先後增添一對孫兒女。他們從出生到上學成長的過程中，帶給我和內人無數充滿歡笑的亮麗時光，讓我倆在跟他們和家人一同參與的許多活動中，享受到了豐盛的甜蜜喜樂與感動滿足。

這張精挑細選才「脫穎而出」的合照題為「騰空彈跳真好玩」，由我兒子攝於泰國蘇梅島（Samui）一家濱海旅館的花園裡。它緊緊抓住了我和孫女、孫子同步共享的「騰空彈跳」的精彩一瞬間。

我在氣功班學到這項新嗜好，如今，本著「寓教於樂」和「以身作則」的初心，我很高興藉由這張生活照來鼓勵孫兒多多注重日常運動，並積極培養健身的興趣、恆心與毅力。

余玉照，美國夏威夷大學博士。曾在美國東西文化中心與耶魯大學研究、普林斯頓與哈佛大學交換學者。曾任中興大學文學院院長、嘉義大學副校長、教育部高教司司長等。著有 *Pearl S. Buck's Fiction: A Cross-cultural Interpretation* 及《田裡爬行的滋味》。

曹俊彥（1941～）
散步妙語

拍攝時間：2012年夏
拍攝地點：台北市人行道上
當時狀況：與孫子愷愷一同散步

剛出門，兩歲的愷愷說：「要去散步了。」
沒走幾步，又自言自語的說：「已經在散步了！」
兩句不同時態的話，不知道是什麼時候，向誰學的？
台諺說「一眠大一寸」，睡眠充足有利成長，
散步前強迫愷愷午睡，小小孩睡不著，
假裝睡一下下，就吵著說：「睡好了！」
我說：「只睡一點點，散步也一點點。」
出門散步時，他說：「阿公，我們去散步，一點點，一點點，一點點……」
哇！一點點也可以聚少成多啊！

曹俊彥，圖畫書創作家、資深童書編輯、台灣兒童文學教育推廣者。曾任小學教師、
廣告公司美術設計、出版社總編輯等。曾獲金鼎獎、金爵獎、中華兒童文學獎、信誼
幼兒文學特別貢獻獎、金漫獎終身成就獎等。已出版200多本圖畫書和插畫書。

古梅（1942～）
最美的眼神

拍攝時間：2008年5月
拍攝地點：英國火車上
當時狀況：與孫女何允杭、何允之玩抓小指
遊戲

允杭，允之：

這是一張十二年前的老照片。你們珍惜，奶奶更視如珍寶。

那年夏天，奶奶第一次出遠門，去英國和你們相聚，等待你們的父親將獲得博士學位。你們陪奶奶去旅遊，搭火車從威爾斯出發，沿途可以看到清溪及成群的白羊，你倆好開心，指指點點告訴我窗外的美景，因為你倆發現奶奶不舒服，開始暈車了。

怎麼辦呢。你們唱歌給我聽，沒用。於是想起玩「頂小指頭」的遊戲，奶奶會唱，看你倆的小指頭被奶奶抓住。奶奶很專注的小聲唱，用心收掌，但你倆好機靈，小指頭在我手掌中癢癢的，很快的縮回去。我總來不及抓住你們的小手指，嘻笑中忘記了暈車。「奶奶，這一招有效嗎？您不會暈車了吧。」有效的。我沒暈車了。直到現在。你倆那份最美的眼神，永遠在奶奶心中。

古梅，本名趙寶珍。曾任參謀大學圖書館館長，歷任大專院校文藝營指導老師、影視企畫編劇班指導老師。曾獲國軍新文藝金像獎、金鐘獎。著有《逆風的手搖鈴》、《魔鎖四部曲》、《慈禧外傳》等。

周志文（1942～）
給以言、以立的話

拍攝時間：2016年2月6日
拍攝地點：台北市自宅
當時狀況：與外孫女周以言、外孫周以立

你們人生的美景，正要在眼前一幕幕展開，真是太好了。

問過將來你們想做什麼？姊姊說過要做郵差、做小學的美勞老師，弟弟說過要做衛兵、做在青年公園掃地的人，你們想的很多很多，又隨時會改，真有趣呀！我想只要認真，任何事都值得做的。

同時我想，除了做你們想做的之外，無論何時，都還要做個熱情又正直的人，這樣就更好了，能不能答應我呢？

周志文，台灣大學中國文學博士。歷任《中國時報》、《民生報》主筆，淡江大學、台灣大學教授，曾至捷克查理大學、荷蘭萊頓大學、北京師範大學講學。著有《日昇之城》、《同學少年》、《記憶之塔》、《家族合照》等10多冊。

莊永明 (1942～2020)
分享阿公的喜悦

拍攝時間：2004年11月14日
拍攝地點：台北市西門紅樓
當時狀況：台北文化獎領獎時，外孫陳勳毅、陳勳蒲跑上台來，意外有了這張合影

2004年，獲第八屆台北文化獎，頒獎典禮在西門紅樓；主持人葉樹姍送花時，兩個孫子（大女兒樹淳的小孩）竟跑上台來，二女兒樹嵐趕忙請他們「下台」，因接著我要致答謝詞。16年後（2020年），這兩個「小不點」已是185公分「高人一等」的身高，我常鼓勵他們要加倍努力，「出人頭地」才是人生方向。

莊永明，台灣藝術專科學校美工科畢業。曾任職台灣通信公司、台北市文獻會委員、吳三連台灣史料基金會董事等。曾獲巫永福文化評論獎、時報開卷版十大好書、金鼎獎。長年致力於台灣文史資料的蒐集，著有《台灣第一》、《台北老街》、《台灣歌謠追想曲》、《活！該如此》等20餘冊。

張素貞（1942～）
阿嬤對善同與靖元的祝福

拍攝時間：2013年12月14日
拍攝地點：美國馬里蘭州女兒家
當時狀況：與外孫女章善同、外孫章靖元一
　　　　　起布置聖誕樹

2013年11月初，女兒光霽一家人從威斯康辛的密爾瓦基（Milwaukee）搬遷到馬里蘭州的貝絲塔（Bethesda）。這張照片攝於美國時間12月14日午後。當時兩小幫忙布置聖誕樹，中間小憩。外孫女善同6歲半，剛上小學一個學期，手裡喜孜孜地捧著一根透明的量尺；小外孫靖元還差一個半月才滿三歲，穩重自得地摟著寶貝娃娃弟弟；我跟著孫兒女席地而坐，欣慰而又有點矜持地笑著。

我為孫女取名「善同」，意思是「善與人同」。在群體中，願她能與人和諧相處、奮勵自強，樂於助人。靖元，出生在元月，又是長子，選了「元」字，願他靖定有決斷，立青則寓有「出色」的期盼。兩個寶貝聰慧、漂亮，希望他們將來學業有成，優雅好人品。

張素貞，台灣師範大學國文系碩士。台灣師大國文系教授退休。曾獲文協文藝獎章、菲華中正文化獎。著有《韓非子難篇研究》、《細讀現代小說》、《現代小說啟事》等。

楊小雲（1942～）
我的兩個寶貝

拍攝時間：22016年8月
拍攝地點：台北松山機場
當時狀況：外孫女李思樂即將回上海，與孫
女張凝一同到松山機場送機

兒子結婚喜宴上，大四歲的姊姊笑盈盈地舉著酒杯說：「請大家多喝一杯，這可是咱們家唯一的喜酒啊！」正式宣告她是「不婚」一族。蜜月歸來，兒子鄭重提出他們夫妻達成「不生」的共識。老媽我表面上處變不驚，可心裡卻既驚又慌，兩個孩子，一個不婚一個不生，這還真走在時代尖端吶。做為母親，我選擇沉默，選擇交託，將心願擺在禱告裡，求神掌權。我禱告主，希望他們生兒育女，絕不是我想當奶奶，而是讓他們了解生命的寶貴並學習尊重生命。

奇妙的事發生了，女兒意外懷孕！婚禮上，舅舅抱著滿月的外甥女走紅毯。更奇妙的是，婚後七年的媳婦竟然懷上了！同樣生了個女寶寶。相差兩歲多的表姊妹，自小感情好，暑假旅居上海的女兒會帶著她女兒回來和住在新竹的表妹到台北聚聚，姥姥、奶奶叫得心頭發酥，樂得暈陶陶、美歪歪的，人生至此，夫復何求？

楊小雲，本名鄭玉岫。實踐大學家政系畢業。曾任《今日生活》主編。曾獲文協文藝獎章、中山文藝獎等。著有《我十八歲》、《水手之妻》、《活出自己的味道來》、《幸福比完美重要》等50餘冊，連續五年獲選為金石堂年度十大暢銷女作家。

綠蒂（1942～）
感謝有你們的陪伴

拍攝時間：2016年1月
拍攝地點：台北市餐廳──大樹先生的家
當時狀況：與外孫陳時翰、蕭宸歆、外孫女
蕭子芹及家人聚餐

親愛的元邦與時翰：

爺爺沒有什麼東西贈予你們。

爺爺一生平凡安靜，從18歲迄今一直從事寫作與文化工作，從未追求地位輝煌或財富豐盈的生活，所以能留給你們的只有這些寫成的書。書與音樂是我們一生最好的朋友，它不僅提供我們豐富的知識，還是最好的陪伴，不管在天涯海角或孤獨長夜，它隨時都會陪伴在你身旁。

我寫詩一甲子，詩作20冊，詩的溫暖讓我安度雪原冰山的冷酷，詩的安寧讓我無懼穿越死亡的幽谷。要感謝晚年，有你們的陪伴，讓我人生的海岸擁有如星光溫暖的照亮，永不孤獨。

綠蒂，本名王吉隆。香港廣大學院文學研究所碩士。曾任《野火》詩刊主編、世界詩人大會會長、中國文藝協會理事長等。現為《秋水詩刊》主編。曾獲中山文藝獎。著有《綠色的塑像》、《春天記事》、《坐看風起時》、《綠蒂詩選》等20餘冊。

秦賢次（1943～）
唯一的孫女

拍攝時間：2009年冬
拍攝地點：台北市立圖書館北投分館
當時狀況：夫妻倆帶小孫女芸馨到北投遊玩

我家可說人丁單薄，我生了兩位男孩，最終只有一位孫女芸馨，今年14歲。孫女生下來的前三整年，事實上住在我家，由我們夫妻扶養，假日她父母才帶回去，每次回去時，都淚眼汪汪。孫女在我家時，餵食、洗澡、陪睡都由我負責。念小學時，孫女開始練跆拳道，父母的目的是為防身，沒想到她對跆拳道樂此不疲，越練越想練，現在已拿到18歲內最高級別的黑帶三段。我不太願意去看她的跆拳道比賽，因比賽激烈，我怕看到她受傷。她父母後來為了減少她的陽剛氣，鼓勵她也去習音樂，現就讀仁愛國中二年級音樂班，主修豎笛，副修鋼琴。我衷心祝福她，將來能在跆拳道闖出名堂，音樂也能繼續練下去，培養多元興趣，但不要用演奏來過生活，那會太辛苦了。

寫於2020.7.1

秦賢次，政治大學西語系畢業。曾任職於保險業，同時長期致力於新文學史料的蒐集整理，為當代文學史料研究社召集人。著有《秦賢次評論集》、《台北人物誌》、《現代文壇繽紛錄》等，編著《抗戰時期文學史料》及多種作家研究評論集。

陳正治（1943～）
含飴弄孫趣味無窮

拍攝時間：2014年8月
拍攝地點：台北市照相館
當時狀況：夫妻倆與外孫陳樂之和女兒

上了年紀，常會有「齒屆古稀，含飴弄孫」恬適自娛之樂。這種樂，對喜愛寫兒童文學作品的我，反而是獲得靈感的機會。

外孫三歲時雖然童言童語，卻說得非常有味。有一次他來我家，外婆餵他吃西瓜，問他西瓜好不好吃？他說好吃；又餵他鳳梨，也問他鳳梨好不好吃？他也說好吃。外婆就對他說：「那麼你背一首媽媽教你的王維〈相思詩〉。」他順口說出：「西瓜生南國，鳳梨發幾枝。勸君多採擷，此物最好吃。」這首內容更改的「仿擬詩」，前後邏輯相合，嚇得我們張開的嘴都合不起來。

含飴弄孫真的趣味無窮，尤其是跟幼兒時期的孫子。

陳正治，台北市立大學語文系教授兼系主任退休，曾兼任政大、文大中文系教授、教育部國立編譯館國語科編審委員。曾獲國科會甲等學術獎、教育部兒童小說徵文創作獎、全國教育學術團體聯合年會學術著作獎、好書大家讀年度獎等。著有兒童文學、論述等30餘冊。

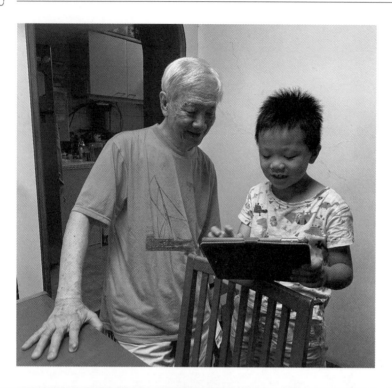

曾昭旭（1943~）
爺爺對孫兒的期望

拍攝時間：2020年7月13日
拍攝地點：台北市自宅
當時狀況：觀賞孫兒慶時在iPad上通過一個
App蓋的別墅

關於我這個爺爺對我唯一的孫子抱有如何的期望？

其實依於我一貫的人生態度與待人風格，我是完全肯定獨立自由就是每一個人與生俱來的人性、人權與主權。當然這不是指自我封閉的獨立與任性的自由，而是能自覺地負起為人責任的「道德人格的獨立與自由」。而這完全是每個人自己成長的事，甚至不容許他人即使是最親近的親人以期望之名給予敦促的壓力。所以我有什麼資格期望他什麼呢？我只能期望我自己什麼罷了！（對！自我期望是我自己的自由和主權。）

所以，我期望我這個爺爺，時時覺察時時警惕，不要造成孫兒心理上的壓力與畏懼，反而妨礙了他的自由成長。願他始終覺得爺爺是他的好朋友，不管爺爺能陪伴在他旁邊到什麼時候。

曾昭旭，台灣師範大學國文系博士。曾任高雄師範學院國文所所長、中央大學中文系主任、華梵大學中文系特聘教授等，現任淡江大學中文系榮譽教授。著有《老子的生命智慧》、《試開天眼看人生》、《讓孔子教我們愛》、《在無何有之鄉遇見莊子》等40餘冊。

黃海（1943～）
唯一的祖孫照

拍攝時間：2012年10月
拍攝地點：美國紐約法拉盛的旅館
當時狀況：與孫子Evan及兒子、媳婦

雙胞胎兒子人仰與人望於1996年移民美國，最初常有聯繫，之後藕斷絲不黏，成了我魂牽夢縈打不開的心結，那時國際電話還很花錢，我就捨得常常打。2010年10月，我去紐約看他們，匆匆餐敘一小時。

第二年打算再去。「老爸，你來幹什麼啊。我們沒辦法接應你。」然後買好的達美航空機票，三萬元不能退訂就任它作廢，再隔一年2012年重買機票成行。

「老爸，我已經結婚幾年，生兒子了。」人仰禁不起我的追問，事先在電話裡招了。那天，一小時的餐聚後，人仰開車送我回紐約法拉盛的民宿旅社，在旅館裡留影。這是唯一的一張祖孫照，我與孫子第一次見面，或許也是最後一次。

期待陌生的孫子日後輝煌騰達，思念起祖父曾經走過的日子。

黃海，本名黃炳煌，台灣師範大學歷史系畢業。曾任兒童雜誌主編、《聯合報》編輯等。曾獲國家文藝獎、洪建全兒童文學獎、全球華語科幻星雲獎等。著有《百年虎》、《嫦娥城》、《永康街共和國》等30餘冊。兒童科幻〈機器人掉眼淚〉入選國小教科書閱讀本，公視拍成電視劇。

六月 （1944～）
意外抱孫樂

拍攝時間：2018年5月
拍攝地點：台北陽明山二子坪
當時狀況：母親節與兒、媳一家三口出遊，
和孫子蔡安恆玩裝可愛，快滿四歲的阿孫已很會耍寶

本人曾經有過三度生產不順的紀錄，「做人」可謂難之又難。當第三度因前置胎盤血崩住院，胎兒亦告不保，當下心灰意冷，與先生商量決定領養一個孩子。老天很快遂我心願，在我還躺在醫院時，一個美麗的小天使已先我一步住進家裡。

想不到女兒也帶給我無上幸運，在她五歲時我再度懷孕，並安然生下一子。豈知媳婦在懷孕上也吃了不少苦頭，前一兩年我還會悄悄問兒子生子之事，後來我就絕口不再談抱孫之事，免得帶給兒媳太大的壓力。

事後得知他們曾悄悄去醫院做過試管嬰兒，沒成功，沒想到翌年竟自然懷孕並順利產下一子，兒媳喜得麟兒，我們兩老也得享抱孫樂。我們沒住一起，只在特別的日子祖孫三代才會聚聚，希望阿孫在兒媳悉心呵護下快樂長大。

本名劉菊英，文化大學新聞系畢業。曾任報業廣告主任、發行經理等。曾獲省政府新聞處優良作品、鳳邑文學獎、蕭乾源文化獎。著有《惜情》、《懷念的季節》、《天色漸漸光》、《蕉城相思雨》等。

沙白（1944～）
善舞的翎翎

拍攝時間：2020年6月22日
拍攝地點：高雄新興區台一牙醫診所前
當時狀況：與愛跳舞的孫女莉翎

妳是快樂的小天使
妳是善舞的小鳥兒
妳天天快樂
也給了我們全家快樂
妳是可愛的安琪兒
妳是我們的好寶貝

孫女莉翎兩周歲，很喜歡聽音樂和跳舞，常常在任何有音樂的地方，就會聞歌起舞，在百貨公司或廟會，也會聽音樂起舞，我們都以翎翎稱呼她。

沙白，本名涂秀田，高雄醫學院畢業。曾任「阿米巴」詩社社長，亦曾參加「笠」詩社，現為台一、台立牙科診所聯盟院長。曾獲國際詩人獎、中華民國新詩學會詩運獎等。著有《靈海》、《空洞的貝殼》、《沙白散文集》等。

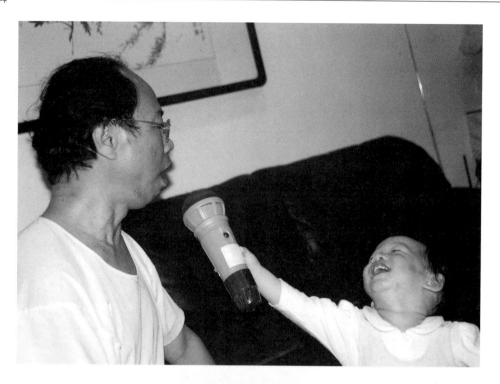

吳敏顯（1944～）
公雞啼，小鳥叫

拍攝時間：2006年5月
拍攝地點：宜蘭市自宅
當時狀況：與孫子恩翔合唱「公雞啼小鳥叫」

孫子翔翔從小對音樂聲響非常敏感，滿周歲就擁有一支玩具麥克風，讓他咿咿呀呀地高唱兒歌。每次從新竹回宜蘭，手裡抱著一條睡覺纏裏的浴巾外，更忘不掉這支隨身寶貝。

某一天，小歌手把我從書房拉到客廳沙發椅上，說要跟爺爺一起唱歌。問他想唱哪首歌？他眨了眨眼睛，告訴我唱「公雞啼小鳥叫」，因為爺爺像大公雞，他像隻小小鳥。於是爺孫倆高高興興地張開嘴巴，輪番唱了好多遍：「公雞啼，小鳥叫，太陽出來了，太陽當空照，對我微微笑。他笑我年紀小，又笑我志氣高，年紀小，志氣高，將來作個大英豪！」

唱著唱著，我突然覺得自己不但是老公雞，更是一隻快樂的小小鳥。而今十幾年過去，翔翔馬上是高中生了，我看到這張老照片，心裡依舊像小小鳥那般開心！

吳敏顯，政治作戰學校藝術系畢業。曾任教師、《聯合報》萬象版主編、《九彎十八拐》編輯等。曾獲國軍新文藝金像獎、文協文藝獎章等。著有《三角潭的水鬼》、《坐罐仔的人》、《山海都到面前來》、《腳踏車與糖煮魚》等，作品曾獲選入國文教材、宜蘭鄉土文學教材及年度文選等。

黃光男（1944～）
孺慕之情千金難買

拍攝時間：2020年8月
拍攝地點：台北市自宅
當時狀況：與10個月大的孫女雨荷

如我這一代想要對祖父母有關親情的感應，實在有些困難，因為他們都早逝，除了我的金祖母在我九歲時離世，其他長輩都沒留下任何痕跡，遑論合照影像，連老祖母的小腳鞋也在數年前搬家時遺失了。

我退而求其次，孫子或孫女吧！倒有人丁旺盛的喜悅，尤其我們一向男丁較旺，因為我叫黃光男，子孫也大部分男的，好在有一個寶貝孫女，使我們家多了一份婉柔之氣，否則過於陽剛豈不是太沒趣了嘛！

有了祖孫相親，雖然也有不少負擔，但那是甜蜜的業苦，我內人說：「孺慕之情，雖金千萬亦難買。」這倒是真實。而我雖然希望孫子們快快長大成材，但是長大過程意見已開始多了，我此刻最喜歡10個月大的小孫女，我望她，她看著我，心靈契合，不必呀呀叫啊！

1090715

黃光男，高雄師範大學文學博士。曾任台北市立美術館館長、歷史博物館館長、台灣藝術大學校長、行政院政務委員等。曾獲法國國家特殊貢獻一等勳章、金爵獎、高雄師範大學特殊卓越貢獻校友獎、中山文藝獎等。著有《藝海微瀾》、《博物館新視覺》、《流動的美感》、《斜陽外》等近50種。

落蒂（1944~）
爺爺給妳當靠山

拍攝時間：2019年5月19日
拍攝地點：新北中和區八二三公園
當時狀況：與孫女涔嬰到公園散步

現在小孩出生率低，小孫子、小孫女常成為全家的寶貝，我們家也不例外，十來口人，只有小CC是第三代唯一，當然成為大寶特寶，尤其是爺爺和奶奶。

小CC即將幼稚園畢業進入小一，快要開始進入人生的另一階段了，可能又像家家戶戶的小孩，又是補英文，又是學數學，十八般武藝壓得喘不過氣來。我有見於此，乃在小CC每日幼稚園下課的時間到路上等她，買東西給她吃，她一面吃一面要聽爺爺講故事。爺爺別的沒有，故事可多了，小CC每次都直奔過來，抱著爺爺猛親，又告狀「爸爸都不給我吃飽」，我說：「沒關係，爺爺給妳當靠山。」

進小一報到成為新生前，全家到飯店吃大餐為她慶祝，她和每次為她慶生一樣，一定要爺爺抱著照相，一副十分得意的樣子。

落蒂，本名楊顯榮，台灣師範大學英語所結業。曾任教於民雄高中、北港高中，曾任《創世紀》詩雜誌社長。曾獲新詩學會優秀詩人獎、詩教獎、文協文藝獎章等。著有《煙雲》、《詩的播種者》、《追火車的甘蔗囝仔》等。

文林（1946～）
爺爺對我的影響

拍攝時間：1948年春
拍攝地點：水道町65番地
　　　　　（今台北市羅斯福路三段）
當時狀況：與祖父林成均於老家

爺爺與我的這張照片，是民國37年春攝於羅斯福路三段的老家。兒時印象最深的幾件事就是：

我們家靠近新店線的五分車（小火車）鐵道，爺爺常帶我到附近看火車經過。小孩子都喜歡聽火車鳴笛，所以每次去，一定要聽到了火車叫才離開。他帶我去過一次仙公廟（指南宮），走上去的，山腳下有好多乞丐跟轎子，那是我頭一回看到轎子。

我曾在東門國小念了一年，從開學第一天起，爺爺就每天帶我上學，接我回家。一路上，邊走邊跟我講《西遊記》的故事。第二年，我換了學校，他沒再每天送與接，我也開始自己找《西遊記》的漫畫來看。再大一點，就看東方出版社的青少年版，到小學六年級就看原版的了。我之後會對中國古典小說那麼有興趣，相信就是受到爺爺的影響。

文林，本名林文俊，美國密西根州立大學畢業。曾任教於德國圖賓根大學及台灣師範大學。著有《文林短詩集》。

陳芳明（1947～）
孫兒孫女為我充電

拍攝時間：2020年2月10日
拍攝地點：美國加州聖荷西兒子家
當時狀況：夫妻倆飛往加州過新年，與孫子 Samuel（尚慕）、Elija（依禮）、孫女 Elizabeth

在加州兒子家，每天與孫兒孫女玩在一起，可以感覺自己的生命更精彩，彷彿是與自己的童年再次相遇。這張照片，是今年二月準備赴機場飛回台灣前，與他們一起合照。兒子在拍照之際，要求大家「make funny face！」果然每個人都很聽話，開始搞怪。那時，小孫女才六個月大，完全不知道如何配合。她最盡職的工作，便是負責微笑。拍出來時，才知道她笑得這麼可愛。大孫兒故意眼睛上吊，小孫兒則歪臉作怪，只有阿嬤在旁邊微笑。

這是我偏愛的一張照片，兩個孫兒從學校與幼稚園回家，第一件事情就是先找阿公阿嬤。在他們眼中，阿公阿嬤大概是最好的玩具吧，可以一起玩，又不會發脾氣。現在即使遠在台灣，每周視訊一次，隔海呼叫他們的名字，就有充電的感覺，第二天，阿公就以滿滿的蓄電開始工作了。

陳芳明，美國華盛頓州立大學歷史博士。曾任教於靜宜、暨南、中興大學，後赴政治大學中文系任教，成立該校台灣文學研究所，現為政治大學講座教授。曾獲巫永福評論獎、台灣文學獎圖書金典獎等。著有《昨夜雪深幾許》、《革命與詩》、《我的家國閱讀：當代台灣人文精神》、《台灣新文學史》等30餘冊。

康原（1947～）
有孫萬事足

拍攝時間：2020年2月／2017年
拍攝地點：台北木柵大女兒家／加拿大多倫多愛德華公園
當時狀況：夫妻倆與孫子育恩、外孫女鍾宜秀、鍾宜倫（左圖）、梁一心、梁一念（右圖）

我總共有五個孫子，四個外孫女，一個孫子，分居兩國三地。左邊照片是孫子康育恩，今年剛從台灣師大美術系畢業，正準備赴他的出生地美國芝加哥讀研究所；大女兒玲玫的兩位女孩，左二鍾宜秀就讀台北教育大學台文系創作組、右一鍾宜倫就讀景美女中。右邊照片是二女兒玲紋的女孩，左一梁一心今年剛從University of Waterloo（滑鐵盧大學）Financial Analysis and Risk Management（金融分析跟風險管理）畢業、右二梁一念也在今年畢業於Ontario College of Art and Design University（安大略省藝術大學插圖設計系）。

這幾年孫子們為了求學各奔東西，無法在一起拍照，只好用兩張照片做成一張。平常我們只透過視訊聯絡彼此的感情，五個孫子都乖巧貼心，關懷我們的身體及生活，真是有乖孫萬事足。

康原，本名康丁源，空中大學人文學系畢業。曾任教師、賴和紀念館館長等。曾獲磺溪文學獎特別貢獻獎、吳濁流文學獎、金鼎獎等。著有《台灣囝仔歌的故事》、《八卦山下的詩人林亨泰》、《番薯園的日頭光》、《滾動的移工詩情》等80餘冊。

黃漢龍（1947～）
拔啊！拔蘿蔔！

拍攝時間：2018年11月
拍攝地點：台南善化農場
當時狀況：與孫子宥勝、孫女品甄、外孫女陳柔伊、
林芷嫻到老同事陳龍珠（左一）的農場拔蘿蔔

昔日加工區的老同事陳龍珠退休後，在台南善化老家養了個小農場，過著自給自足的農村生活。106年7月利用暑假帶著兩個小孫子搭火車到善化站，再由同事開車七彎八拐穿梭農村小徑，進入他的農場，小朋友玩得不亦樂乎。

小朋友懷念蔚藍的天空下，摘芒果、芭樂、南瓜、酪梨、葡萄……盡情的打水仗的情景，吵著107年暑假又要前往；可惜連著幾個颱風，所有果樹一片狼藉；但敵不過小朋友的夢想，11月連同女兒兩家，三部車直驅農園。那年冬天不冷，瓜果不多，蘿蔔卻長成了，拔啊！拔蘿蔔！四個小朋友玩成一團。我和提著水桶坐在一旁的老同事，被這幾個小蘿蔔頭天真活潑的嬉鬧動作笑得合不攏嘴。

期盼小朋友們快樂地長大，他們天真無邪的笑聲永遠縈繞著我。

黃漢龍，憲兵學校畢業。曾任高雄市青溪文藝學會總幹事、《高青文粹》主編。曾獲高雄市青年散文寫作比賽獎、當選高雄市社會優秀青年。著有《都市之癌》、《詩寫易經》、《尋尋覓覓山水間》。

彭瑞金（1947～）
孫子攪動我們的生命

拍攝時間：2018年6月28日
拍攝地點：宜蘭羅東鎮台灣傳統藝術中心
當時狀況：一家三代到宜蘭旅行，夫妻倆與
　　　　　孫子彭劭

2018年6月28日，一家三代有一趟宜蘭太平山之旅，回程到羅東的台灣傳統藝術中心的老爺行旅再住一晚，因而有悠閒的心情逛完整個園區。傍晚人潮散去，「街道」變得十分寬闊，尚未滿兩歲半的孫子，不客氣的把街道當舞台，沿「街」表演。看到懸掛在街道中間的功夫人物布條，不但自己模仿功夫人物的動作，還要阿公阿嬤和他一起演出。兩歲多的小男孩，走起路來不是跑就是跳，阿公阿嬤的心臟都跟著一起跳，深怕他有個閃失，小孩卻走得隨性而自在，看似要跌倒了，又能平穩地站住。他還不會說我們多心了，卻不知不覺把阿公阿嬤操得滿身大汗。我和老婆開玩笑說，孫子是鯰魚，他在攪動我們的生命。

彭瑞金，高雄師範學院國文系畢業。曾任靜宜大學台文系教授暨台灣研究中心主任、台灣筆會理事長、《文學台灣》總編輯等。曾獲巫永福評論獎、行政院文耕獎、客家文化貢獻獎、高雄市文藝獎等。著有《台灣新文學運動四十年》、《台灣文學探索》、《高雄市文學史》等，編有多部作家文集。

蕭蕭（1947～）
蕭蘋果

拍攝時間：2020年6月13日
拍攝地點：台北市自宅
當時狀況：與孫女羽葵

蕭蘋果是我們盼了72年才來報到的孫女，她的學名，我和她爸爸斟酌了幾十個漢字，鄭重討論了好幾回、好幾天才確定，但是小名「蕭蘋果」，卻是她爸爸一出口我們就肯認了！

「蘋果」，第一個想到牛頓，因為蘋果掉落而發現地心引力，偉大的科學家；「蘋果」，現代人立即想到的是賈伯斯，手機、電腦全世界最前端的蘋果公司。蕭蘋果的爸爸難道是期望她成為影響地球的第三顆蘋果？牛頓發現的蘋果是風吹落的，賈伯斯的蘋果是咬了一口的，蕭蘋果的爸爸想到的或許是apple of one's eye那樣的掌上明珠，或者幽默地諧音著削蘋果，我們的蘋果是蕭的。

阿公的我就單純地想著：我們蕭蘋果就是平安之果、紅潤之果、和諧之果、團圓之果。是掌上的明珠，也是我們眼前的地球。

蕭蕭，本名蕭水順，台灣師範大學國文系碩士。曾任中學、大學教師、《台灣詩學季刊》社長，現為明道大學中文系兼任講座教授。曾獲五四獎、創世紀詩社20周年詩評論獎、金鼎獎等。著有《雲邊書》、《無法馴養的風》、《太陽神的女兒》、《台灣新詩美學》等，編有年度詩選、年度散文選等，合計一百多種。

陳憲仁（1948～）
我和「小三」下棋

拍攝時間：2020年6月底
拍攝地點：台中烏日區自宅
當時狀況：與孫子泊安下象棋

由於兒孫都住台北，一年難得回台中團聚幾次，轉眼間大孫子業已上小學三年級了，想不到現在的國小生不僅上英文、上電腦，連象棋這種不急之務，都進入課堂裡，我也因此賺到了和孫子下棋之樂。

今年端午連假，孫子回來，興沖沖要跟我下象棋。我想以我之下棋資歷，贏這個「小三」，實勝之不武，若場場讓子詐敗，也不是光明作法，故而我提議下暗棋，運氣成分較高，不要讓他有太多挫敗感。想不到小孫子任憑我決定，一連下了五局，我竟連輸五次，只見他每次擺完棋局，一舉子、一動棋，竟都充滿自信地隨口成章：不是「我橫掃千軍，你欲哭無淚」；就是「你暗箭傷人，我安如泰山」；「你不知進退，我臥虎藏龍」……

哦！哦！哦！我真的是在和「小三」下棋嗎？！

陳憲仁，台灣師範大學國文所畢業。曾任《明道文藝》社長、明道中學教師、明道大學中文系教授等，現為明道大學中文系兼任講座教授。曾獲師鐸獎、五四獎、金鼎獎特別貢獻獎、台中文學貢獻獎等。著有《滿川風雨看潮生》。

| 莫渝（1948～）
做祖父的藝術 | 拍攝時間：2018年2月20日
拍攝地點：新北板橋區自宅
當時狀況：農曆春節與孫子沛奇、孫女沛亞 |

沛奇（男）、沛亞（女）是長子林逸寧的孩子，在台灣出生，在深圳成長。每年寒假（春節前後）和暑假回台。沛奇想像力豐沛、具編說故事能力、自我意識稍強、個性略羞澀；沛亞活潑有趣、落落大方、音樂節奏敏銳、舞蹈動感強烈。期待他倆都能平安快樂、順利歡樂學習，陸續從他倆的生活裡覓得寫詩元素與動力，希望幾年後，沛奇小學畢業、沛亞四年級時，有一小冊《做祖父的藝術》詩集，留下他倆童年的影像紀錄與文學記憶。

2020.06.25端午

莫渝，本名林良雅，淡江文理學院畢業。曾任出版公司、《笠》詩刊主編，現任聯合大學台灣語文與傳播學系兼任助理教授。曾獲全國優秀青年詩人獎、教育部新詩創作獎、笠詩社詩翻譯獎等。著有《光之穹頂》、《都耕佃農》、《台灣詩人群像》、《笠詩社演進史》等40餘冊。

溫小平 (1948～)
幸福上路，快樂陪伴

拍攝時間：2019年夏天
拍攝地點：台東市喜樂旅店
當時狀況：與孫子張以勒、孫女張以琳到台東旅遊

媳婦懷的是三胞胎，不足七個月的早產兒，出生時體重分別是456g、685g、898g，最小的以愛因為發育不全，出生後15天離開世界。以琳和以勒的照顧分外辛苦，我們爺奶從他們住在保溫箱裡就開始付出心力，為兒、媳分憂解勞。以琳是腦性麻痺兒，發育遲緩，行動不比一般正常兒，以勒的體力也比較虛弱，他倆都經過長期的物理、職能治療，可是，我們還是經常帶他們接觸繽紛的世界。

由於我們無法同時照顧孫子女，只好輪流帶他們旅行，高雄、台中、台東、礁溪，都留下我們的足跡。以琳三歲過後才開始學走路，五歲以後，因著矯正鞋架的輔助，終於可以放手慢慢走，我們也總算可以同時帶著以琳、以勒出門旅行。

小兒科醫生說過，早產兒比一般孩子早經苦難，所以長大以後更不怕吃苦。但願以琳、以勒的人生路，即使有風雨，依然花香常漫。

溫小平，銘傳商專畢業。曾任《新女性》雜誌總編輯，現為佳音電台主持人。曾獲中華日報小說獎、聯合報極短篇小說獎、冰心兒童圖書獎等。著有《失去子宮的女人》、《旅行何必正經八百》、《三胞胎教我學會愛》、《沒有城堡的公主》、《貓頭鷹說故事》等上百冊。

鄭烱明（1948～）
在台東的伯朗大道上

拍攝時間：2019年1月
拍攝地點：台東池上伯朗大道
當時狀況：夫妻倆與兒、媳帶孫子宸惟到台
東旅行

2019年1月29至31日，一家人帶著不到兩歲半的孫子，一起去台東旅行。我們走訪了很多景點，第一次看到宸惟奔跑在大自然快樂的模樣。這張照片攝於伯朗大道上。我也寫了一首〈在吊橋上奔跑的孩子〉，作為紀念。

〈在吊橋上奔跑的孩子〉
穿過武陵綠色隧道／時間留下刻痕／兩旁巨大的樟樹和木麻黃／兀自挺立著，彷彿／要刺破天空才甘心／終於來到鹿寮溪吊橋／大夥兒躍手躍足／只有那兩歲多的孫子／興奮地來回奔跑著／在搖晃的橋上／啥物攏毋驚／在吊橋上奔跑的孩子／第一次聽到風的笑聲／以及從清幽山谷傳來的／不知名的鳥鳴／啊，在吊橋上奔跑的孩子

鄭烱明，中山醫學專科學校畢業。曾任內科醫師，與葉石濤等人創立《文學界》、《文學台灣》雜誌，並任笠詩社社長、台灣筆會會長。現為文學台灣基金會董事長。曾獲笠詩獎、吳濁流新詩獎等。著有《歸途》、《悲劇的想像》、《蕃薯之歌》、《存在與凝視》等。

林仙龍（1949〜）
疼與愛的方式

拍攝時間：2006年夏
拍攝地點：高雄港邊水岸公園
當時狀況：與兩歲的外孫李子屏

小孫子俊秀可愛，聰明貼心，不吵不鬧，我很少看見他哭哭啼啼，臉上有淺淺淡淡的笑。童幼時候，便與我黏膩在一起。我愛抱他，常在住家附近的河堤公園，雙手環抱，輕輕哼著兒歌，陪他邁出第一步在草地學走，或者在花壇的矮階上，我一句，他一句，有神奇，有冒險，兩人共同編一個故事；更大一些，便在器械場做體操，拉單槓。也在清晨也在黃昏，大手牽著小手，公園裡可以見到祖孫倆歡喜的身影。

他知道阿公喜歡寫作，也知道阿公喜歡在假日，回到鄉下種田；阿公很有心，也觀察也採擷，也種植也書寫。他有時來到田地裡，便會問我，要不要再出書？小孫子用他的方式，回應了愛。一句關心的話，一個關心的小動作；這當中有敬，也有愛。

林仙龍，中山大學中山所社會科學碩士。曾任海軍總部眷服部處長、《大海洋》詩刊執行編輯等。曾獲全國優秀青年詩人獎、高雄市文藝獎、國軍文藝金像獎等。著有《背後的腳印》、《每一樹都長高》、《小雨點》等。

林少雯（1950～）
希望單純的快樂永不缺乏

拍攝時間：2010年10月30日
拍攝地點：台北北投區薇閣幼兒園
當時狀況：與裝扮成南瓜的孫女紀家芸合影

那年孫女紀家芸六歲，在台北市北投區薇閣幼兒園就讀，我去參加她學期中的化裝表演和學習成果展覽活動。那天園內很熱鬧，每間教室都布置得琳瑯滿目，展示孩子的繪畫和美勞作品，令人目不暇給。園內充滿笑聲，孩子、家長和老師們都好快樂。

讀幼兒園，是人生中最幸福的日子。燦爛的笑容掛在祖孫倆的臉上。爺爺奶奶和父母的疼愛，加上家芸一生中第一次上學，與外界接觸，拓展視野，體驗團體生活，是她人生中最天真無邪和快樂的學習時光。希望這單純的快樂，在她人生旅途中永不缺乏。

林少雯，玄奘大學宗教研究所碩士。曾任編劇、教師等。曾獲中山文藝獎、聯合報環保文學獎、首屆全球華文散文大賽優等獎、好書大家讀等。著有《溫柔的對待》、《樹哥哥和花妹妹》、《護生畫集圖文賞析》、《隔離線外的風景》等近60冊，作品被選入國小國語課本及補充教材。

廖玉蕙（1950～）
海蒂與諾諾

拍攝時間：2020年4月9日
拍攝地點：台北萬華區時報文化公司
當時狀況：與孫女蔡知渝、蔡知諾一同拍攝新書的出版宣傳小短片

阿嬤帶著八歲的海蒂和六歲的諾諾，拍攝兩本新書《愛的排行榜——孩子表情達意的練習》、《讀出太陽的心情——孩子生活美感的練習》的出版宣傳小短片。小朋友為了這兩本刻畫她們生活的書，很乖巧地坐在鏡頭前，一邊聽阿嬤受訪，一邊畫畫。錄影結束後，還送給辛苦的工作人員每人一張海蒂畫的圖畫。

阿嬤誇讚她們表現很好，說：「大家都稱讚妳們很乖哪。」諾問：「妳在錄影，不是應該就要安靜嗎？妳怕我們會怎樣呢？」阿嬤說：「我不怕妳們會怎麼樣，但是編輯阿姨怕妳們因為錄影時間太長而覺得無聊，甚至跑來跑去喧嘩、吵鬧。昨晚還特別打電話來問。」

諾問：「那妳怎麼回答她？」阿嬤說：「我告訴阿姨：不用擔心，妳們應該沒問題。」兩個孫女對阿嬤這樣的信心表示滿意。

廖玉蕙，東吳大學中國文學博士。台北教育大學語創系退休教授，專事寫作、演講。曾獲吳三連文學獎、吳魯芹散文獎、台中文學貢獻獎等。著有《穿一隻靴子的老虎》、《家人相互靠近的練習》、《後來》、《五十歲的公主》等40餘冊，多篇作品被選入國、高中課本及各種選集。

台客（1951～）
孫女喚醒我久蟄的心

拍攝時間：2020年4月
拍攝地點：新北鶯歌區自宅
當時狀況：與出生不久的孫女容宣

〈妳的到來──給4月8日剛向人間報到的孫女廖容宣〉

妳的到來　　　　　　　人間四月天
像一陣春風　　　　　　處處有溫暖
悄悄吹拂　　　　　　　處處枝頭百花鬧
喚醒了我久蟄的心　　　處處百鳥喜迎春
妳的到來　　　　　　　敲個鑼吧打個鼓吧
像一場春雨　　　　　　鄭重向大家宣布
龐龐沛沛　　　　　　　妳的到來，我們
澆灌了我渴望的情　　　迎接一個嶄新「宣」時代
　　　　　　　　　　　　　　　2020.4.11

台客，本名廖振卿，成功大學外文系畢業。曾任《葡萄園詩刊》主編、中國詩歌藝術學會常務理事等。曾獲優秀青年詩人獎。著有《種詩的人：八行詩300首》、《窗外的風景》、《續行的腳印》等。

白靈（1951～）夏婉雲（1951～）
希望你們跟我們一樣喜愛文學

拍攝時間：2020年7月
拍攝地點：台北文山區自宅
當時狀況：夫妻倆與外孫楊丹、
外孫女楊心

每人都只有一次童年。養育兒女又過了半次，看到孫兒輩成長，可以再過半個童年。所以算起來，每一個人其實可以過兩個童年。台中大女兒的兩個外孫住得遠，我們相處的時間有限。你們是我們二女兒的小孩，很幸運，有機會我們可以同住。正好有時間教你倆一點詩詞，那是我倆最感興趣的。楊心四歲半，現在已經會背許多五言詩，少許七言詩。楊丹兩歲半，也會背四、五首詩，第一首跟著姊姊唸，竟然是：「鋤禾日當午，汗滴禾下土。誰知盤中飧，粒粒皆辛苦。」清朗稚嫩之聲灌入我們耳朵，如天籟之音。文學是人一輩子可沉浸其中之事，希望將來你們跟我們一樣喜歡文學，愛好文學，甚至有志於文學。文學會讓人幸福快樂，希望你們將來一直都喜歡它、一輩子都熱愛它！

白靈，本名莊祖煌，美國史蒂文斯理工學院化工碩士。曾任《台灣詩學季刊》主編，現任台北科技大學兼任副教授。曾獲時報文學獎、國家文藝獎、新詩金典獎等。著有《五行詩及其手稿》、《愛與死的間隙》、《水過無痕詩知道》等20餘冊。

夏婉雲，淡江大學中文系博士。曾任中小學教師、主任30年，現任輔大、東吳兼任助理教授。曾獲金鼎獎、台北文學獎、新北文學獎等。著有《坐在雲端的鵝》、《文字詩的悄悄話》、《時間的擾動》等10餘冊。

徐惠隆（1951～）
爺爺帶你們「用腳讀地理」

拍攝時間：2014年2月6日
拍攝地點：宜蘭羅東林業文化園區
當時狀況：夫妻倆帶孫子丞奕、丞韋到羅東林務園區「用腳讀地理」

57歲那年，我升格當了爺爺。「少年阿公」是親友間給我的一個封號，也是祝福。這兩個孫子，出生前後僅隔一年半，媳婦生得密，他們就難為親家母手中拉拔長大了。

由於兒子、媳婦工作關係，住在板橋，辛苦買了房子繳貸款，偶爾我心血來潮，買宜蘭的名產、農產品，一整車地載運過去，享受一家團圓的樂趣。孫子上了國小的課，回來宜蘭也有時有陣。

宜蘭是他們的原鄉，做為爺爺的，總要帶他們去風景名勝區走走。羅東林業文化園區離我們家不遠，帶著他們來一段「用腳讀地理」。孫子丞奕十歲、丞韋九歲，天真調皮，活潑好玩，伸舌頭、比Y說讚樣樣來。在黃色小鴨名滿天下之時，耍帥姿勢硬是要得，把爺爺、奶奶逗得樂不可支。

徐惠隆，文化大學哲學系畢業，台灣師範大學國文系結業。曾任國中教師、《蘭陽青年》、《九彎十八拐》編輯等。著有《蘭陽的歷史與風土》、《盈科齋隨筆》、《走過蘭陽歲月》、《海味宜蘭》。

李宜涯（1954～）
「祖」字輩的美好

拍攝時間：2019年2月
拍攝地點：美國猶他州鹽湖城兒子家
當時狀況：與孫子王繼軒、王繼遠

我是有了孫子之後，才知道有一種愛是無限包容的付出，也才真正了解什麼是「橫眉冷對千夫指，俯首甘為孺子牛」！

兒子在美國上大學時，我最擔心的是提前成為「祖」字輩，再三警告，換來兒子無數的白眼。在那時，我依舊以為自己是不老的玉女，從沒想到時間像牙膏般的擠壓，逐漸的，兒子畢業了，說是有女友了，說是要結婚了。有一天，兒子興奮的同我說：「頌恩有了！」我眼眶不爭氣的流淚了，是喜悅的淚！就這樣成為「祖」字輩。

當我懷抱兩個只差兩歲小孫子柔軟的小身子時，心中溢湧出無限的愛。這個愛，是一種可以天荒地老，無怨無悔的愛！但最開心的是享有抱孫之樂，卻無任何養育壓力。這又與30年前養育一兒一女的辛勞不同，我終於體驗到做為「祖」字輩的美好。

李宜涯，文化大學中文所博士。曾任《青年日報》副刊組主任兼總編輯，東吳、文化、中原大學通識教育中心講師。曾獲文協文藝獎章。著有《一天一個夢想》、《當代文人翦影》等。

邰瑩（1954～）
樂把唐詩當歌唱

拍攝時間：2017年夏
拍攝地點：台北市百貨公司前
當時狀況：與孫子沈喬睿

「奶奶，唱歌！」

「好！鋤禾日當午，汗滴禾下土，誰知盤中飧……」

丈夫拍醒我譏嘲道：「老婆，你又在作夢啦！」

睜開眼，發現躺在床上的我，懷裡摟拍的是個小枕頭。

會把唐詩當催眠曲唱給孫子聽，起源於媳婦請孕嬰假期間，我一起分擔照顧之責，在哄他睡覺時，我除了唱催眠曲、童謠外，就是唸唐詩。孫子聽奶奶將唐詩當歌唱三年多，不僅不厭倦，且已會吟上十來首詩了。

而他最喜歡的就是這首李紳作品〈憫農〉，因為他會將此詩最後一句「誰知盤中飧，粒粒皆辛苦」，調皮的改為「誰知盤中飧，莉麗最辛苦」。

「莉麗」是他母親的名字，這個馬屁可是拍得他母親笑呵呵啊！

邰瑩，文化大學中文系文藝組畢業。曾任電視及廣播節目製作人、主持人。曾獲文建會優良廣播節目獎、電視金鐘獎等。著有《因緣人間》、《釀一罈有情的酒》、《新疆的太陽不睡覺》、《行走在美麗的最深處》等20餘冊。

鄭如晴（1954～）
希望她快樂長大，人生無憂

拍攝時間：2020年2月
拍攝地點：台北士林官邸
當時狀況：與外孫女百百參觀花卉展

兩年前，小外孫女「百百」出生，我看著她脫離她母親身體的那一刻，比她母親出生時更讓我感動，彷彿經歷了生命長河裡的一場波濤洶湧。抱著她，我的手在發抖；看著她，我的心在悸動。

面對這個新生命，我不再是有責任的養育者，因此能遠遠的從容欣賞，每隔一段時間，我就驚訝於時間的魔棒，彷彿每每倏地一揮，就把一個還抱在懷中的纖弱軀體，從嚶嚶啼哭中，忽地變成會坐會爬、繼而跳來鑽去的小電動人，累得照顧她的人只有喘氣的份。

旁觀的我，這時很能享受當外婆的樂趣，好像擁有了童年企盼已久無法得償的洋娃娃般，我玩得很愉快。當年，百百的媽媽，我對她有些期待和憧憬。如今，面對「百百」，我只希望她快樂長大，人生無憂。這就是當媽和當外婆最大的不同。

鄭如晴，台東大學兒文所碩士。曾任德國《僑報》、《國語日報》副刊主編等，現任世新大學副教授。曾獲台灣文學獎、九歌現代兒童文學獎等。著有《和女兒談戀愛》、《細姨街的雜貨店》、《鑿刻家貌》等，翻譯德國兒童文學20餘冊。作品多次入選年度散文選、小說選。

向陽（1955～）方梓（1957～）
寫給孫女

拍攝時間：2020年6月25日
拍攝地點：台北市自宅
當時狀況：夫妻倆與外孫女陳嶼鴒

我們的孫女，阿公阿媽歡喜迎接妳來到這個世界。從妳的媽媽懷有妳的那一刻起，我們就以等待蓓蕾開成花朵的心情，等待妳的來臨。

而妳終於來了，我們跟著分享妳的爸爸媽媽的喜悅。妳的誕生，讓全家充滿了笑聲，讓妳的爸爸媽媽擁有心愛的寶貝，也讓我們晉級為阿公阿媽。妳以全新的生命，賦予這個家庭新的感覺、新的氛圍，妳的一顰一笑，妳的鼾聲哭聲，就是全家眼睛關注的所在。抱起妳輕柔的身子時，逗妳發笑時，輕拍著妳細嫩的背時，妳就是我們眼前唯一的世界。

妳的爸爸媽媽為妳取了一個獨特的名字：嶼鴒，「嶼」是島嶼，「鴒」是鴒鳥。阿公阿媽懷抱妳，看著妳的眼睛唸著妳的名，願妳一暝大一吋，健康活潑成長，將來能像台灣鴒鳥一樣，展翅於山海之上，飛翔在天地之間。

向陽，本名林淇瀁，政治大學新聞系博士。曾任《自立晚報》副刊主編、台北教育大學台文所教授等。曾獲玉山文學獎文學貢獻獎、台灣文學獎圖書金典獎、傳藝金曲獎最佳作詞人獎等。著有學術論著、詩集、散文集、評論集等50餘冊。

方梓，本名林麗貞，東華大學創英所碩士。曾任《自由時報》副刊副主編、總統府專門委員及大學兼任講師。著有《來去花蓮港》、《野有蔓草：野菜書寫》、《時間之門》、《誰是蔦里歐》等。

高雷娜（1955～）
慢慢老去，陪你們成長

拍攝時間：2019年8月25日
拍攝地點：新北新店區公婆家
當時狀況：四代同堂歡度生日，與外孫女金哈妮、外孫金子宸

自從光耀的青春逐漸成為回憶，每一次生日都要告訴自己，一定要高興，一定要快樂。為了要歡歡喜喜的慶生，蛋糕上的問號在許久以前就已取代了數字，可是當我的心肝寶貝們上了幼稚園以後，總會不斷追問：「婆婆妳幾歲了？」「你們的十個手指頭算不完啦！」但是等他們可以從一輕鬆數到一百時，想要含混不清的帶過去，已成為不可能的事了！

不是不肯服老，而是婆婆太享受和你們在一起的歡樂時光啦！不知歲月，就能懷抱一顆赤子之心，時時和你們抬頭挺胸向前走；忘記年紀，才能保有年輕活力，常常和你們追趕跑跳碰！

多麼期盼自己可以慢慢老去的陪伴你們成長，然後看著你們完成學業、結婚生子……那個時候，蛋糕上點燃的蠟燭就會是代表榮耀的數字啦！

高雷娜，實踐家專畢業。曾任《台灣新生報》、《中央日報》記者及主編、台視節目製作人等。曾獲中興文藝獎章。著有《化身情人》、《把愛找回來》、《發光的女人》等

汪詠黛 （1956～）
萬緣放下，唯有孫女

拍攝時間：2020年5月7日
拍攝地點：台北陽明山國家公園
當時狀況：帶孫女林明潞到陽明山國家公園
看天看樹

「明天有空嗎？10點來接您，我們帶孩子出去走走。」

兒子和媳婦的LINE訊息一出現，我立刻秒回：「太好啦，謝謝！」下一秒鐘，緊急調整翌日行程：早上私塾寫作小班，學生異口同聲配合延到下周；下午的牙齒檢查，改到後天；晚上的佛法課，報備申請線上聽講……

從「黛媽咪」步入「黛奶奶」，此時此刻的我，最珍惜和未滿兩歲的小孫女相聚。朋友們揶揄我是「萬緣放下，唯有孫女」，可不是嘛，我和其他的「癡心爺奶」沒兩樣，一提到孫子話題，老臉笑如燦陽（若形容像盛開的牡丹花也不為過），接著掏出手機「秀」照片，一張接一張，不想看都不行；對方還沒來得及誇讚，我就自顧自地口吐蓮花：「很可愛吧？她會叫奶奶囉！媳婦好會教喔……」

蛤，不信？來，秀一張給您瞧瞧！

汪詠黛，輔仁大學歷史系畢業。曾任《中國時報》主編、文化新聞中心副主任，長期擔任婦女團體顧問、電台主講人。現為專欄作家、親職教育講師。著有《愛，就是慢教和等待》、《重返異域》等。

林瑋（1965～）
永遠的孩子──林良爺爺

拍攝時間：2013年8月18日
拍攝地點：台北國語日報書店
當時狀況：林瑋與兒子劉育廷一同參加林良爺爺《永遠的孩子》新書發表暨簽書會

父親的笑容向來發自內心，這種「容易快樂」的特質，純真得像個孩子！

2013年，父親87歲，國語日報社將父親在報紙上「夜窗隨筆」專欄，選文結集成《永遠的孩子》出版，多麼令我們興奮！父親的作品被譽為「家的文學」，他筆下的觀察角度，包羅了從「自己」到「丈夫」，到「父親」，到「外公」的經驗，書寫出不同時期心境下所體會出家庭的溫馨與可愛！心思純真善良的他，很懂得與孩子交朋友，既是能分享心情、開導煩憂的智者，更是女兒、孫子眼中會說笑話、具幽默感的「大夥伴」。

當新書發表會結束，許多「別人家的孩子」都開心的來跟作者合照，我和兒子也默默的排隊等簽名，終於輪到我們啦，拍下了這幀值得紀念的「大作者與『小書迷』」的合照！

林瑋，政治大學經營管理碩士。現任《國語日報》主編。著有《永遠的小太陽：林良》、《跨越障礙活得精采》、《會走路的山》等。

作家姓名筆畫索引

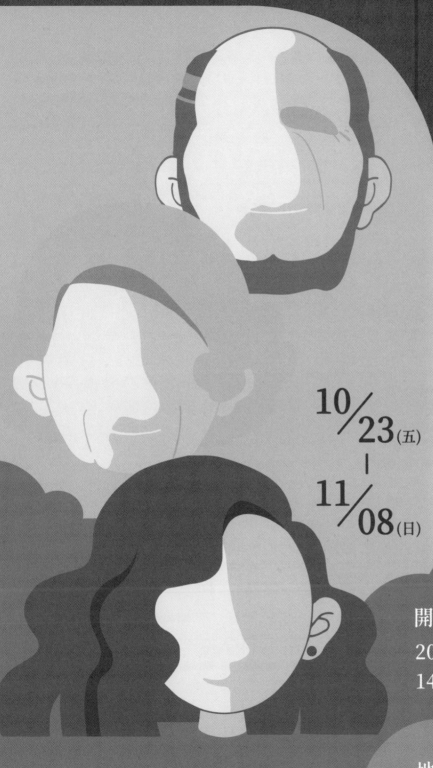

當作家變成阿公阿嬤

祖孫情照片特展

10/23（五）
－
11/08（日）

開幕典禮：

2020/10/23（五）
14：30 - 16：00

地點：

紀州庵文學森林大廣間
（台北市中正區同安街107號）

指導單位｜文化部 台北市文化局　策劃單位｜台灣文學發展基金會
執行單位｜文訊雜誌社 文藝資料研究及服務中心

國家圖書館出版品預行編目(CIP)資料

文藝雅集. 2020：當作家變成阿公阿嬤-祖孫情
照片特刊 / 文訊雜誌社編. -- 初版. -- 臺北市：
文訊雜誌社, 2020.10
　　面；　公分
　　ISBN 978-986-6102-47-9 (平裝)

　　1.作家 2.傳記 3.照片集

783.31　　　　　　　　　　　　109015484

2020文藝雅集

當作家變成阿公阿嬤──祖孫情照片｜特刊｜

總　編　輯／ 封德屏
執 行 編 輯／ 杜秀卿
工 作 小 組／ 吳穎萍・游文宓・安重豪・黃基銓・王映儒・張佩儀・何芊芊
封 面 設 計／ 翁　翁
美 術 設 計／ 不倒翁視覺創意
照 片 來 源／ 向作家徵集
出 版 者／ 文訊雜誌社
地　　　址／ 10048台北市中正區中山南路11號B2
電　　　話／ 02-23433142
印　　　刷／ 松霖彩色印刷公司
初　　　版／ 2020年10月23日
定　　　價／ 新台幣150元
I S B N／ 978-986-6102-47-9

【刊物印刷由2020文藝雅集計畫補助】

策　　　畫／ 財團法人台灣文學發展基金會
贊　　　助／ 文化部・台北市文化局・客家委員會・中華文化總會
　　　　　　財團法人洪建全教育文化基金會・財團法人世聯倉運文教基金會
禮品贊助／ 三花棉業　HomeBrown紅布朗　黑豆桑 無毒釀料首選
承　　　辦／ 文訊雜誌社
協　　　辦／ 人間福報・大海洋詩雜誌社・山海文化雜誌社・不倒翁視覺創意・文創達人誌・
　　　　　　中國文藝協會・中國婦女寫作協會・中華日報副刊・中華民國兒童文學學會／火
　　　　　　金姑會訊・中華民國專欄作家協會・中華民國筆會／台灣文譯・中華金門筆會・
　　　　　　文學台灣雜誌社・世界女記者與作家協會—中華民國分會・台北市閱讀寫作協
　　　　　　會・台灣客家筆會／文學客家・台灣詩學季刊社・台客詩社・幼獅文藝・印刻文
　　　　　　學生活誌・有荷文學雜誌／喜菡文學網・明道文藝・金門縣文化局・金門文藝・
　　　　　　金門旅外藝文學會・金門報導・青溪新文藝・客家雜誌社・皇冠雜誌・秋水詩
　　　　　　刊・紀州庵文學森林・海翁台語文學雜誌社・乾坤詩刊雜誌社・國文天地雜誌
　　　　　　社・國立傳統藝術中心・國語日報・野薑花詩社・創世紀詩雜誌社・普音文化公
　　　　　　司・開朗雜誌事業有限公司・葡萄園雜誌社・聯合文學雜誌・聯合報副刊・聯經
　　　　　　出版事業股份有限公司・藝術家雜誌社・鹽分地帶文學／臺南市政府文化局